CODE INDUSTRIEL

PROPOSÉ AU

GOUVERNEMENT PROVISOIRE

DE LA RÉPUBLIQUE,

Par BRUN-LAVAINNE.

Aux Membres du Gouvernement provisoire.

Citoyens,

Le trône s'écroulait ; il fallait qu'un pouvoir nouveau s'élevât sur ses débris pour empêcher que l'ordre social ne fût entraîné dans une effroyable ruine. Ce pouvoir, à l'heure du danger, vous l'avez accepté : Honneur à votre courage.

Intronisés aux acclamations de Paris armé, suivies bientôt par celles de toute la France, vous vous êtes hâtés de dire : Cette révolution est faite par le peuple et pour le peuple. Vos actes ont été d'accord avec cette promesse.

Mais de même que les sublimes basiliques,' chefs-d'œuvre de l'art chrétien, n'ont pas été faites en un seul jour, de même aussi ce n'est pas en un jour qu'on peut constituer, avec de vieux éléments, une société nouvelle où toutes les prétentions soient admises, toutes les espérances réalisées, toutes les parts justement faites.

Si une telle constitution est possible, ce sera l'œuvre du temps et de la persévérance.

Pour nous, ouvriers du présent, notre tâche est de l'améliorer en préparant l'avenir.

N'entreprenons pas au-delà de nos forces ; mais sachons ce que nos forces valent, et tout ce que nous pouvons faire nous-mêmes, ne le laissons pas à faire à nos successeurs.

Ce que nous pouvons, ce que nous devons faire, et plutôt aujourd'hui que demain, c'est :

Mettre un terme à l'anarchie qui règne dans le monde industriel ;

Réunir en faisceaux les facultés productives qui s'épuisent dans leurs efforts incessants pour se nuire l'une à l'autre, semblables à cet insecte qui meurt lui-même en donnant la mort ;

Rendre à l'industrie l'ordre qui lui manque, pour qu'elle n'abuse plus de la liberté qu'elle possède ;

Détruire l'individualisme, source des mauvais sentiments et des mauvaises actions ;

Réconcilier le capital et le travail en les fortifiant dans une juste mesure, pour que l'oppression de l'un par l'autre ne soit plus possible.

Ce but est le vôtre, Citoyens, et, dès les premiers jours, pour l'atteindre plus promptement, vous avez appelé la nation toute entière à votre aide.

De toutes parts ont surgi alors les réclamations et les projets.

Des voix nombreuses ont demandé l'association du capital et du travail. Ce problème est maintenant à l'étude (1). Parviendra-t-on à le résoudre dans un sens favorable à la prospérité publique ? J'en doute.

Depuis longtemps j'ai étudié, moi aussi, cette grave question. On pouvait alors la considérer comme un jeu d'esprit. Aujourd'hui elle est devenue un épouvantail

---

(1) Ceci était écrit peu de jours après la formation de la commission pour les travailleurs. La question a grandi depuis lors ; mais si elle a marché, c'est à reculons.

pour le commerce. Demain peut-être ce sera pour la société un *casus belli*.

Disons pourquoi.

Ils ne connaissent pas les éléments dont se compose l'industrie, ceux qui croient de bonne foi que l'association du maître et de l'ouvrier soit une œuvre de conciliation, un moyen d'amélioration, une garantie de travail, une source de bien-être pour la classe laborieuse.

Ils ne parlent jamais que de bénéfices à répartir et semblent ne pas admettre qu'une entreprise industrielle puisse occasionner des pertes. Qu'ils se fassent donc ouvrir les archives des tribunaux de commerce et qu'ils déploient ces innombrables bilans où sont exposées tant de causes de ruine; qu'ils pénètrent dans le secret des comptoirs, qu'ils interrogent les livres du fabricant, je parle seulement de ceux qui sont tenus avec ordre et sincérité, combien ne verront-ils pas de maisons chancelantes, qui ne sont étayées que par le crédit, de situations embarrassées qu'on dissimule dans l'attente d'une circonstance heureuse? Faudra-t-il associer l'ouvrier à toutes ces misères, à toutes ces angoisses? Il a déjà bien assez des siennes!

Cependant, s'il partage de droit les bénéfices, il faut bien qu'il supporte sa part des pertes.

Et bénéfices et pertes, comment seront-ils constatés?

En admettant que tous les industriels soient des modèles de probité et de délicatesse, que tous les ouvriers soient remplis d'une confiance sans bornes envers leurs chefs, comment réglera-t-on leurs droits respectifs? La comptabilité de la plupart des maisons de commerce, et surtout des fabriques, est dans un état déplorable. Presque partout on se contente d'un *à peu près* pour établir une situation. Quelle garantie aura l'ouvrier?

Je n'insisterai pas sur ce point, Citoyens, persuadé

qu'à l'heure qu'il est, vous avez reconnu le vide de ces mille projets éclos dans un moment d'enthousiasme et inspirés par une idée généreuse.

Mais un autre danger est à craindre après celui d'une organisation avortée, c'est celui du découragement.

De ce qu'un changement radical dans les conditions du travail paraît pour le moment impossible, il ne faudrait pas conclure qu'il n'y a point d'amélioration à introduire, point d'abus à pouvoir déraciner.

Les abus naissent, je le répète, de l'individualisme : il faut grouper les professions.

La concurrence illimitée tue l'industrie, il faut lui fournir les moyens de régler elle-même sa marche.

Ces moyens sont faciles.

N'a-t-on pas vu dans ces quelques jours, dont chaque heure a vu faire l'ouvrage d'une année, les travailleurs de Paris se chercher, se réunir *en corps* pour s'entendre sur leurs intérêts et sur leurs besoins ?

Ce qui s'est fait tumultueusement et d'une manière inquiétante pour l'ordre, on peut le faire légalement, dans un but de paix et d'union.

Aux funérailles des victimes de Février, n'a-t-on pas appelé les CORPORATIONS de tous les états ?

Là est le mot de l'énigme.

Puisque, dans une circonstance si solennelle, sur des pavés encore brûlants, on n'a pas craint de prononcer ce mot, c'est que le bon sens public a compris qu'il ne pouvait plus être question de ces corporations privilégiées, exclusives et tyranniques de l'ancien régime ; c'est qu'on a voulu symboliser cette maxime si connue : L'UNION FAIT LA FORCE.

Cette maxime est vraie quand l'union est défensive ; mais l'union agressive ne peut durer ; elle ne donne qu'une force factice qui engendre bientôt la discorde, l'injustice et la violence.

S'unir pour défendre ses droits, c'est la solution du problème.

Que les industriels s'unissent pour l'amélioration de leur fortune.

Que les travailleurs s'unissent pour l'amélioration de leur salaire.

Les uns et les autres ne peuvent qu'y gagner.

Un homme contre un homme, l'un cherchera toujours à opprimer l'autre.

Une association contre une association, elles régleront toujours leurs différends d'après les principes de l'équité.

On veut anoblir le travail et le rendre plus productif; pour cela il faut sauvegarder les intérêts de ceux qui en donnent comme de ceux qui en demandent.

Justice pour tous, liberté pour tous, sécurité pour tous.

C'est la pensée qui a dicté le projet de code industriel que j'ai l'honneur de vous soumettre.

BRUN-LAVAINNE.

Tourcoing, le 20 Mars 1848.

SOMMAIRE.

Les dispositions qui suivent ont pour objet de constituer d'une manière large et forte, d'une part, l'industrie, de l'autre, les travailleurs.

Elles consacrent les droits de chacun et réunissent pour les défendre les industriels en corporations, les ouvriers en associations.

Au moyen d'une légère cotisation de vingt centimes par semaine, dont dix payés par le maître et dix par l'ouvrier, l'état garantit à celui-ci les avantages suivants :

Tout ouvrier, homme, femme ou enfant reçoit, en cas de maladie, ou d'absence forcée de travail, un secours s'élevant de cinquante centimes à un franc cinquante centimes par jour, suivant l'âge et les charges de famille.

Tout ouvrier âgé de soixante ans ou infirme, reçoi une pension annuelle de trois cents francs.

Les intérêts des ouvriers sont confiés à des élus de leur choix, dans un ordre hiérarchique qui centralise leurs forces et sous la surveillance d'inspecteurs nommés par le gouvernement.

Les salaires et les heures de travail sont stipulés d'un commun accord par les représentants des ouvriers et par ceux des industriels.

Les enfants sont à l'abri de tout excès de travail et l'instruction leur est assurée.

Des moyens sont indiqués pour faciliter le placement des ouvriers sans emploi.

Quant à l'industrie, son classement en corporations concentre aussi ses forces et lui permet de détruire les abus de la concurrence sans porter atteinte à ce qu'elle peut avoir de profitable à la consommation.

Des statuts et réglements particuliers à chaque profession établissent des conditions de travail qui garantissent les intérêts du fabricant et ceux des travailleurs.

Une surveillance active, une juste répression délivre le champ de la production des plantes parasites qui étouffent le bon grain.

Enfin, pour l'industriel comme pour l'ouvrier, cette double organisation du travail, *Corporations*, *Associations*, loin de porter obstacle à de futurs progrès, est en quelque sorte la base fondamentale d'un édifice réservé dans l'avenir ou, si l'on veut, le cadre dans lequel viendront facilement prendre place toutes idées bonnes et utiles.

Je n'ai pas l'orgueil de croire ce plan parfait, mais il a du moins le mérite d'être réalisable de suite avec les matériaux que nous avons sous la main.

Cette explication préalable m'a paru nécessaire parce que l'ordre logique m'obligeait à commencer par les dispositions relatives aux industriels et qu'on n'aurait pas aperçu tout d'abord le but où je voulais arriver.

CODE INDUSTRIEL.

LIVRE PREMIER.

De l'Industrie en général.

TITRE PREMIER.

Des Industriels.

ARTICLE PREMIER. La qualification légale d'industriel s'applique à toute personne faisant habituellement travailler, pour objet de commerce, un ou plusieurs ouvriers, soit à la journée, soit à la tâche.

ART. 2. Les dispositions des articles 2 à 7 du Code de Commerce relatives aux mineurs et aux femmes sont applicables à toute espèce d'industrie.

TITRE II.

Des Livres de Commerce.

ART. 3. Tout industriel est tenu d'avoir les livres mentionnés aux articles 8 et 9 du Code de Commerce et de se conformer à cet égard aux prescriptions dudit code.

ART. 4. Il est tenu en outre d'avoir un grand-livre qui soit l'extrait fidèle du journal et de le balancer exactement à toutes les époques d'inventaire.

ART. 5. Les autres dispositions du même titre sont applicables aux livres des industriels.

TITRE III.

Des Sociétés.

ART. 6. Les dispositions des Codes civil et de commerce relatives aux différentes espèces de société sont maintenues, sauf l'exception suivante :

Art. 7. Tout industriel peut librement attribuer à un ou plusieurs de ses employés, contre-maîtres et ouvriers, une part quelconque des bénéfices de son entreprise, sans que ceux-ci puissent, dans aucun cas, être considérés comme associés solidaires et tenus de participer aux pertes.

Art. 8. Toute coalition formée dans le but de contraindre un chef d'établissement à accorder les avantages mentionnés en l'article précédent, sera punie conformément à l'article 415 du Code pénal.

LIVRE II.

Des Corporations.

—

TITRE I.

Des corps d'état et de leurs divisions.

Art. 9. Tous les industriels d'une même profession, dans l'étendue de la République, forment un corps d'état qui se subdivise en corporations départementales et communales.

Art. 10. Dans les communes où il existe un nombre suffisant d'industriels d'une même profession pour se former en assemblée et composer une chambre syndicale, ces industriels devront être constitués en corporation communale.

Art. 11. Dans les communes où il ne pourra pas être établi de corporation communale, les industriels feront partie de celles du chef-lieu de canton ou, à défaut, du chef-lieu d'arrondissement dont ces communes dépendent.

Art. 12. Les corporations communales de Paris se diviseront en autant de sections qu'il y a d'arrondissements.

TITRE II.

Des Chambres syndicales de commune.

Art. 13. Chaque corporation communale élit parmi ses Membres un Président, trois Syndics et un Secrétaire.

Art. 14. Ces élections se font annuellement, par scrutin de liste, à la majorité relative.

Art. 15. Les Membres sortants peuvent être réélus.

Art. 16. Les chambres syndicales ont pour attribution : 1.º de surveiller l'exécution des lois, décrets, statuts et réglements relatifs à l'industrie, et de poursuivre d'office les contrevenants, après avoir épuisé les moyens de conciliation;

2.º De s'entendre avec les chefs et délégués des Associations d'ouvriers, pour la fixation des salaires et des heures de travail;

3.º De concourir avec les Chambres syndicales de département, à la formation de réglements locaux;

4.º De représenter les industriels de la commune, d'exprimer leurs vœux, de défendre leurs intérèts près des Chambres syndicales de département.

Art. 17. Les Chambres syndicales de commune se réunissent le premier lundi de chaque mois. Ses séances sont obligatoires.

Art. 18. En cas d'urgence, le Président peut faire convoquer la Chambre à toute autre époque.

Art. 19. Le Secrétaire est chargé des convocations, de la correspondance et de la tenue des procès-verbaux.

Art. 20. Chaque procès-verbal doit être signé par tous les membres présents à la séance.

Art. 21. Les décisions des Chambres syndicales de commune sont obligatoires pour les industriels de leur corporation, sauf recours à la chambre du département.

TITRE III.

Des Chambres syndicales de département.

ART. 22. Les Chambres syndicales de département se composent de tous les délégués des corporations communales du département, faisant partie de la même profession ou corps d'état.

ART. 23. Les Membres des Chambres syndicales de département sont choisis par les Chambres syndicales de commune, à raison d'un membre pour quarante industriels inscrits au tableau de la corporation. La durée de leurs fonctions est de trois ans.

ART. 24. Dans les communes où il n'y aurait pas quarante membres d'une même profession, on pourra se réunir aux autres communes du canton pour former le nombre prescrit.

ART. 25. La Chambre syndicale de département nomme son Président et son Secrétaire.

ART. 26. Les Chambres syndicales de département se réunissent une fois par trimestre, au moins.

Leurs attributions consistent :

1.° A assurer l'exécution des lois, décrets, statuts et réglements dont la surveillance est confiée aux Chambres communales;

2.° A suspendre ces Chambres si elles-mêmes contrevenaient à leurs devoirs, puis à en référer au conseil supérieur qui statue définitivement;

3.° A veiller à ce que les élections desdites Chambres aient lieu aux époques fixées et dans les formes légales;

4.° A faire tous réglements locaux reconnus nécessaires, et à les promulguer après qu'ils auront reçu l'approbation du conseil supérieur;

5.° A représenter les industriels du département, exprimer leurs vœux et défendre leurs intérêts près du Conseil supérieur.

Art. 27. Un bureau permanent, composé de cinq Membres, réside au chef-lieu du département pour s'occuper des affaires urgentes qui ne nécessiteraient pas le concours de toute la Chambre, et préparer le travail pour les objets à mettre en délibération lors des réunions trimestrielles.

Art. 28. Dans chaque session trimestrielle, la Chambre départementale fait un rapport sur la situation de l'industrie qu'elle représente. Ce rapport, signé par tous les Membres présents, est envoyé au Conseil supérieur.

Art. 29. Les industries particulières à certaines localités, qui se trouvent n'être point exercées au chef-lieu, peuvent avoir leur Chambre syndicale de département, et leur bureau permanent dans la commune où il existe le plus grand nombre d'établissements affectés aux dites industries.

TITRE IV.

Du Conseil supérieur.

Art. 30. Chaque corps d'état est représenté à Paris par un conseil supérieur composé de neuf membres dont un président et un secrétaire.

Art. 31. Les membres du Conseil supérieur sont élus par la Chambre syndicale du département de la Seine. La durée de leurs fonctions est de cinq ans.

Art. 32. Les présidents des Chambres syndicales des départements ont droit d'assister avec voix délibérative à toutes les séances du Conseil supérieur.

Art. 33. Le Conseil supérieur recueille les vœux du corps d'état dont il est le protecteur naturel, et les transmet au Gouvernement.

Il prononce, en cas de contestations, sur la validité des opérations électorales et de toutes décisions des Chambres syndicales de département.

Il dissout, quand il y a lieu, les Chambres syndicales de commune et ordonne de nouvelles élections. Dans le cas où les corporations communales rééliraient les mêmes membres dont la conduite aurait motivé la révocation, le Conseil supérieur pourrait confirmer cette révocation pour un terme qui n'excéderait pas une année.

TITRE V.

Des Statuts et Réglements.

ART. 34. Chaque corps d'état est régi par des statuts généraux obligatoires pour toutes les corporations qui en dépendent, et par des réglements particuliers adaptés aux circonstances de temps et de lieux.

ART. 35. Les statuts généraux sont délibérés par les Conseils supérieurs et soumis à la sanction du Gouvernement, pour qu'ils aient force de loi.

ART. 36. Les réglements particuliers sont délibérés par les Chambres syndicales de département et soumis à l'approbation du Conseil supérieur.

ART. 37. L'objet des statuts généraux et des réglements particuliers est d'obvier aux inconvénients de la libre concurrence, en déterminant :

1.° Des conditions de fabrication qui garantissent à la fois les intérêts de l'industrie et ceux des consommateurs;

2.° La nature des peines, la quotité des amendes à infliger aux industriels qui, par cupidité et mauvaise foi, voudraient s'affranchir de ces conditions;

3.° Le mode de surveillance à exercer par les Chambres syndicales de commune;

ART. 38. Toute contravention aux statuts ou réglements de l'industrie fera l'objet d'un rapport en la Chambre syndicale de la commune. Quand les charges seront reconnues suffisantes, le rapport sera envoyé au

Conseil des prud'hommes qui prononcera, si l'amende encourue n'excède pas 60 francs.

Art. 39. Lorsqu'il y aura lieu d'appliquer une amende plus forte ou la peine de l'emprisonnement, l'affaire sera de la compétence des tribunaux ordinaires.

Art. 40. Tout statut ou réglement devra être porté à la connaissance des industriels composant chaque corporation du corps d'état, par voie d'impression, distribution et publication, de manière à ce qu'aucun d'eux n'en ignore.

Art. 41. Les amendes prononcées par les Conseils des prud'hommes et par les tribunaux, sont payées à l'administration des domaines qui, par contre, est chargée de pourvoir aux frais de bureaux, impressions et publications, lesquels frais seront remboursés chaque trimestre sur état du secrétaire, ordonnancé par le président de la corporation.

TITRE VI.

De la Contribution hebdomadaire.

Art. 42. Tout industriel est tenu de verser entre les mains du secrétaire de sa corporation dix centimes par semaine pour chaque ouvrier de tout sexe et de tout âge qu'il emploie soit dans ses ateliers, soit au dehors, sans pouvoir en faire la retenue sur leur salaire.

Art. 43. Le montant de cette contribution est envoyé à la fin de chaque trimestre, au président de la chambre syndicale du département, qui en fait le versement à la caisse des ouvriers de la même profession, pour accroître le fonds de secours et de pensions desdits ouvriers.

Art. 44. Si un industriel, par suite de malheurs, tombe dans l'indigence, il a droit sur ladite caisse à une pension annuelle de six cents francs. Ladite pension est insaisissable.

Art. 45. En cas de meilleure fortune, par succession, héritage ou autrement, la pension cesserait de droit.

Art. 46. Toute demande à effet d'obtenir la pension doit être adressée à la Chambre syndicale de la commune, accompagnée d'une attestation signée de trois personnes notables et d'un certificat du maire constatant l'indigence du réclamant.

Art. 47. La demande et les pièces à l'appui sont envoyées à la Chambre syndicale du département, qui admet ou rejette.

Art. 48. En cas d'admission, la Chambre syndicale en donne avis au Conseil supérieur qui requiert l'inscription de la pension à la caisse centrale des ouvriers.

LIVRE III.

Des Ouvriers.

TITRE I.

De l'Association générale et de ses divisions.

Art. 49. Tous les ouvriers d'une même profession, dans l'étendue de la République, quels que soient leur sexe et leur âge, forment une association générale qui se divise en associations départementales et communales.

Art. 50. En quelque lieu qu'un ouvrier prenne domicile, il a des droits égaux à ceux de ses confrères qui l'habitent, et il fait obligatoirement partie de l'association communale.

Art. 51. Le but de l'Association est de régler, d'une manière équitable, les rapports des maîtres et des ouvriers, et d'assurer à ceux-ci les fruits légitimes de leur travail.

Art. 52. Les ouvriers étrangers, résidant en France,

participent aux avantages de l'Association, en se con-
formant aux lois et réglemènts qui les concernent, à
charge de justifier, avant leur admission, qu'ils n'ont
aucune maladie ni infirmité de nature à les empêcher
de travailler.

TITRE II.

Des Associations communales.

Art. 53. Tous les ouvriers d'une même profession,
résidant dans une commune, forment une Association
communale.

Art. 54. Cette association élit au scrutin, chaque
année, un bureau composé de cinq Membres, dont un
Doyen et un Secrétaire. Les Membres sortants peuvent
être réélus.

Art. 55. Outre cette assemblée annuelle, consacrée
aux élections, les Doyens pourront en convoquer d'autres, lorsque l'intérêt de l'Association le demandera.

'Art. 56. Il est expressément défendu aux ouvriers,
en cas de contestation avec des patrons ou chefs d'atelier, de se porter chez eux en corps et tumultueusement ; mais ils devront présenter leurs réclamations à
leur Doyen, qui fera convoquer le bureau, lequel exa-
minera préalablement l'affaire. Si les réclamations lui
paraissent fondées, le bureau, conduit par son Doyen,
se rend chez l'industriel pour lui demander justice

Art. 57. Si cette démarche amiable est sans effet,
le bureau des ouvriers se retire vers la Chambre Syndicale de la commune. En cas de dissentiment entre
les deux administrations, le différend est porté devant
le conseil des Prud'hommes.

TITRE III.

Du Doyen.

Art 58. Le Doyen est le défenseur des ouvriers. Il
leur sert d'appui contre toute injustice ; mais aussi il

veille sur leur conduite et contribue, par ses conseils, au maintien des bonnes mœurs.

Art. 59. Dans les communes où il y a plusieurs fabriques, ateliers ou chantiers, les bureaux peuvent nommer des Sous-Doyens pour seconder les Doyens dans leur surveillance.

Art. 60. Lorsqu'un Doyen vient à décéder ou à donner sa démission, le plus âgé des Membres du bureau remplit ses fonctions jusqu'à l'élection d'un nouveau Doyen.

Art. 61. Les élections pour le remplacement d'un Doyen, décédé ou démissionnaire, doivent avoir lieu dans le délai d'un mois.

Art. 62. Quand le Doyen aura connaissance qu'un ouvrier de son Association se trouve sans travail, il devra immédiatement en informer le Président de l'Association départementale, en lui transmettant les notes nécessaires pour faire connaître l'âge de l'ouvrier, son état de famille, son emploi, sa capacité, sa conduite.

Art. 63. Les Doyens et Sous-Doyens apportent une grande attention à ce que les enfants ne soient pas chargés d'un travail au-dessus de leurs forces.

TITRE IV.

Du Secrétaire.

Art. 64. Le Secrétaire peut être choisi en dehors de l'Association, toutes les fois qu'il ne s'y trouve pas un Membre apte à remplir cette fonction, qui veuille l'accepter.

Art. 65. Le Secrétaire est chargé des convocations, de la rédaction des procès-verbaux, de la correspondance, de la formation du contrôle et de toutes écritures relatives à l'Association. Il est également chargé du recouvrement des cotisations dont il sera parlé ci-après.

Art. 66. Lorsqu'une Association se trouvera dépourvue de Secrétaire, le Doyen en donnera avis au Maire de la commune, qui devra désigner un employé de la mairie pour en remplir les fonctions, et pourra, s'il y a lieu, proposer au Conseil municipal une indemnité en faveur de cet employé.

TITRE V.

Du Contrôle.

Art. 67. Il sera tenu pour chaque association communale un contrôle exact de tous les Membres qui la composent. Les mutations y seront soigneusement inscrites.

Art. 68. Le contrôle contiendra :

Les noms, prénoms, âge et lieu de naissance des Membres de l'Association ;

La date de leur inscription, celle de leur décès ou de leur sortie par changement de domicile ;

L'indication de leur état de célibataire, veuf, marié, père ou mère de famille ;

Les motifs qui pourraient donner lieu soit à des secours temporaires, soit à la retraite.

Art. 69. Chaque trimestre, le Secrétaire soumettra ce contrôle au bureau, qui le signera, après vérification, et en enverra un double, légalisé par le Maire, au Président de l'Association départementale.

TITRE VI.

Des Cotisations.

Art. 70. Tout Membre d'une Association communale versera chaque semaine, entre les mains du Secrétaire, une cotisation de dix centimes.

Art. 71. Cette cotisation est obligatoire en toute circonstance, jusqu'au décès ou à l'admission à la retraite.

Art. 72. Le défaut d'occupation donnant droit à des secours temporaires, n'exempte pas l'ouvrier de payer sa cotisation, sauf le cas prévu en l'article 83.

Art. 73. Les bureaux tiendront rigoureusement la main à la rentrée des cotisations et sont autorisés, en cas de besoin, à en faire la retenue sur le salaire des ouvriers.

Art. 74. Les cotisations de chaque semaine sont remises par le Secrétaire au Doyen, qui est chargé de distribuer les secours temporaires à ceux que le bureau reconnaît y avoir droit.

Art. 75. A la fin de chaque trimestre, le Doyen rend compte de ses recettes et dépenses. Ce compte est examiné et signé par le bureau. Un double en est envoyé au Président de l'Association départementale.

Art. 76. Lorsque l'encaisse excède les besoins présumés du trimestre suivant, l'excédant est envoyé avec le compte audit Président, qui le réunit aux fonds départementaux.

Art. 77. En cas d'insuffisance du fonds communal, le Doyen en donne avis au bureau du département, qui est tenu de pourvoir au déficit, afin que dans aucun cas les secours ne puissent manquer.

TITRE VII.

Des Secours temporaires.

Art. 78. Ont droit aux secours temporaires les ouvriers de l'un et l'autre sexe, munis de livrets, qui ne peuvent obtenir d'ouvrage, et ceux qu'une maladie constatée empêche de travailler.

Art. 79. Dans chacun de ces deux cas, il est alloué un franc cinquante centimes par jour à l'ouvrier marié.

Un franc par jour à l'ouvrier non marié ou veuf sans enfants, âgé de vingt ans et au-dessus.

Soixante-quinze centimes par jour à l'ouvrier âgé de quinze à vingt ans.

Cinquante centimes par jour à l'ouvrier âgé de moins de quinze ans.

Art. 80. Les quotités ci-dessus s'appliquent aux ouvriers des départements. Des tarifs spéciaux régleront les droits des ouvriers de Paris. Dans le cas où la quotité des secours serait plus élevée pour eux, le montant de leur cotisation s'accroîtrait proportionnellement.

Art. 81. Le bureau communal est juge de la durée que doivent avoir les secours; il veille à ce qu'on n'en fasse pas un moyen de favoriser la paresse et l'inconduite.

Art. 82. Les ouvriers qui ne travaillent habituellement dans l'industrie qu'une partie de l'année et sont occupés le reste du temps aux travaux agricoles, n'auront droit aux secours temporaires qu'autant qu'il sera justifié que l'une et l'autre ressource leur manquent à la fois.

Art. 83. Lorsqu'un ouvrier sera mis en état d'arrestation pour une cause quelconque, les secours temporaires seront suspendus à son égard pendant toute la durée de son emprisonnement. S'il est renvoyé de la prévention ou acquitté par jugement, il a droit au rappel des secours pour tout le temps qu'il n'a pu consacrer au travail. S'il est condamné, ses droits aux secours ne recommencent à courir qu'à l'expiration de sa peine, sans aucun rappel pour le temps écoulé.

TITRE VIII.

Des Pensions de retraite.

Art. 84. Tout ouvrier âgé de soixante ans, ou atteint d'une infirmité incurable, qui lui ôte la possibilité de travailler, a droit à une pension viagère de trois cents francs par an.

Art. 85. Toute demande de retraite est présentée au

bureau communal, qui examine les titres du réclamant
et transmet la demande avec son avis au bureau départemental.

Art. 86. Les demandes motivées par l'âge doivent
être accompagnées de l'acte de naissance du réclamant,
duement légalisé ; celles fondées sur des infirmités sont
appuyées d'un certificat du Maire.

Art. 87. Le bureau départemental admet ou rejette
la demande. S'il admet, sa décision est envoyée au comité central de l'Association, résidant à Paris, pour être
inscrite sur le grand-livre des pensions.

Art. 88. Tout ouvrier pensionnaire admis dans un
hospice ou autre établissement de charité, perd ses droits
à la pension pendant tout le temps qu'il y est nourri et
entretenu.

TITRE IX.

Des Associations départementales.

Art. 89. L'Association départementale se compose
de toutes les Associations communales du département.

Art. 90. L'Association est dirigée par un bureau de
sept Membres, dont un Président et un Secrétaire, tous
résidant au chef-lieu, sauf le cas prévu par l'article 29.

Art. 91. Ce bureau est élu tous les trois ans, par les
délégués des Associations communales du département,
à raison d'un délégué pour cent Membres.

Art. 92. Le bureau départemental est l'intermédiaire
et l'organe des Associations communales, tant avec le
comité central de Paris qu'avec la chambre syndicale
des industriels de la même profession.

Art. 93. Le bureau départemental reçoit les contrôles de l'Association. Il tient un registre d'inscription
des ouvriers sans emploi d'après les notes que lui en-
voient les Doyens, et transmet des doubles de ces notes
à la chambre syndicale et au comité central. Il prend

toutes les mesures qui lui semblent le plus propres à accélérer le placement desdits ouvriers.

ART. 94. Ce bureau reçoit les excédants des caisses communales et la contribution des industriels que lui remet la Chambre syndicale; il pourvoit aux besoins des caisses communales, en cas de déficit.

ART. 95. A la fin de chaque trimestre, le bureau départemental établit le compte de ses recettes et dépenses, conserve en caisse la somme présumée nécessaire pour les besoins du trimestre suivant, et il verse le surplus à la caisse centrale à Paris.

ART. 96. Dans le cas où les dépenses excéderaient les recettes, la différence serait couverte par la caisse centrale de l'Association.

ART. 97. Le bureau départemental décide souverainement sur l'admission des ouvriers à la retraite.

TITRE X.

Du Comité central de l'Association.

ART. 98. Chaque Association générale d'ouvriers est régie par un Comité central résidant à Paris, composé de quinze membres dont un Président, un Trésorier et un Secrétaire.

ART. 99. Ce Comité est élu pour cinq ans, par les bureaux communaux du département de la Seine.

ART. 100. Le Comité central reçoit des bureaux des départements toutes propositions relatives aux intérêts des ouvriers et les appuie, s'il y a lieu, près du gouvernement.

Il réunit en un contrôle général tous les contrôles des communes et tient note exacte des mutations.

Il tient un registre particulier des ouvriers sans ouvrage dans toute l'étendue de la République, et donne chaque semaine connaissance au public, par la voie des journaux, du nombre de ces ouvriers dont l'industrie peut disposer par département.

Il reçoit chaque trimestre les excédants des caisses départementales et pourvoit au déficit de celles qui manquent de fonds pour assurer le paiement des secours temporaires et des pensions de retraite.

Art. 101. Les excédants de caisse du Comité central sont versés au trésor national à titre de dépôt, sans intérêt ; et sous aucun prétexte, ils ne peuvent être distraits de leur destination.

Art. 102. Lorsque les recettes ne suffisent pas pour couvrir les dépenses, l'état y supplée au moyen d'un crédit ouvert chaque année au budget du ministère du commerce, sous le titre de secours aux associations d'ouvriers.

Art. 103. Le Comité central rend compte de sa gestion, chaque année, en assemblée générale ; un double de ce compte est envoyé au ministre du commerce.

TITRE XI.

Des salaires et de la durée du travail.

Art. 104. Dans chaque profession, il sera établi d'un commun accord, entre les Chambres syndicales de département et les bureaux d'Association départementale, un tarif des salaires des ouvriers, tant à la journée qu'à la tâche.

Art. 105. Ce tarif ne fixera que le minimum du salaire. Les industriels conservent le droit de l'augmenter, pour les ouvriers dont l'habileté mérite une meilleure rétribution.

Art. 106. Le même tarif détermine le nombre d'heures dont se compose la journée.

Art. 107. Les ouvriers à la journée peuvent se refuser à travailler au-delà du temps fixé par le tarif. Tout supplément de travail sera volontaire de leur part, et donnera lieu à une augmentation proportionnelle de leur salaire.

Art. 108. Les ouvriers à la tâche seront également libres de ne pas travailler au-delà du temps prescrit.

Art. 109. Même liberté est accordée aux industriels de réduire le nombre d'heures de travail, en diminuant proportionnellement le salaire, quand le défaut d'ouvrage nécessitera cette mesure.

Art. 110. Lorsque, par l'effet de cette diminution, le chiffre du salaire descendra au-dessous de celui fixé pour les secours temporaires aux ouvriers sans emploi, l'ouvrier recevra de la caisse communale le complément nécessaire pour atteindre le chiffre desdits secours.

Art 111. Le travail des enfants est réglé par le tarif, suivant leur profession et leur âge.

Art. 112. Tout travail dangereux pour la santé des enfants leur est formellement interdit.

Art. 113. Tout industriel qui ferait travailler un enfant au-delà du temps fixé par le tarif, serait tenu de lui payer la journée entière, au prix de l'ouvrier adulte le mieux rétribué de son établissement.

Art. 114. Aucun enfant âgé de moins de dix ans ne pourra être admis dans un atelier ou manufacture, à moins qu'il n'y travaille sous la surveillance et la protection de son père ou de sa mère.

Art. 115. Tout ouvrier travaillant à la tâche dans les fabriques, a droit d'être présent à la vérification de son ouvrage, notamment dans les filatures, au poids de ses levées et à la preuve du numéro.

Art. 116. L'industriel convaincu d'infidélité à l'égard du salaire dû à ses ouvriers, sera puni de peines correctionnelles doubles de celles applicables aux ouvriers pour soustraction de matières commise dans les ateliers.

TITRE XII.

De l'Instruction.

ART. 117. L'instruction gratuite étant due à tous les enfants des ouvriers, il y aura, dans chaque commune, des écoles primaires suffisantes pour l'importance de la population. Une loi spéciale déterminera l'organisation de ces écoles, et les moyens à employer par le gouvernement pour venir en aide aux communes qui manqueraient des ressources nécessaires à un si grand objet.

ART. 118. Dès que ces dites écoles seront établies, tous les enfants qui ne recevraient pas l'instruction dans des établissements privés, seront tenus de fréquenter les écoles communales jusqu'à l'âge de douze ans. Ceux qui, avant cet âge, seraient employés dans les manufactures, fréquenteront les classes de midi, du soir et du dimanche, instituées spécialement pour eux.

ART. 119. De douze à seize ans, les élèves ne seront plus tenus à fréquenter que la classe du dimanche.

ART. 120. Pourront être exemptés de cette dernière obligation, les élèves munis d'un certificat de l'instituteur, constatant qu'ils savent lire, écrire et les quatre premières règles de l'arithmétique.

ART. 121. Les instituteurs qui auront des élèves occupés dans des manufactures ou autres établissements industriels, devront faire remettre chaque semaine, aux chefs de ces établissements, un bulletin constatant la présence de ces enfants dans leurs classes, aux jours et heures prescrits.

ART. 122. Tout industriel qui emploiera des enfants dans son établissement, sans s'assurer qu'ils se conforment aux dispositions qui précèdent, sera puni, pour chaque contravention, d'une amende de 25 fr. au profit de la caisse de l'Association.

TITRE XIII.

Fête des ouvriers.

ART. 123. Une fête nationale des ouvriers est instituée dans toute l'étendue de la République.

ART. 124. Un arrêté du pouvoir exécutif réglera chaque année les détails de cette fête dont le but principal est d'honorer le travail.

ART. 125. Des récompenses seront décernées aux ouvriers de tout sexe et de tout âge, qui par leurs vertus civiques et privées, leur amour de l'ordre et leur instruction, auront mérité d'être offerts en exemple.

LIVRE IV.

—

TITRE UNIQUE.

Des Prud'hommes.

ART. 126. Il sera établi des Conseils de Prud'hommes dans tous les lieux de fabrique où il n'en existe pas encore, après avis préalable des Chambres de commerce dont ces lieux dépendent.

ART. 127. La législation actuelle concernant les Prud'hommes est maintenue (1). Leurs attributions s'étendent à toutes contraventions aux lois, statuts et réglements sur les corporations industrielles et les associations d'ouvriers, ainsi qu'à toutes difficultés entre ces corporations et ces associations.

---

(1) Étant trop pressé par le temps, je n'ai pu me livrer à une étude sérieuse de l'institution des Prud'hommes qui, bien que défectueuse et incomplète, a rendu déjà de grands services. Il faut considérer ce titre comme une pierre d'attente, jusqu'à l'époque prochaine, sans doute, où les Conseils de Prud'hommes verront leur organisation développée et mise en harmonie avec la situation nouvelle.

LIVRE V.

—

TITRE UNIQUE.

Marques de Fabrique.

ART. 128. Tout objet fabriqué, quelle que soit sa nature, doit être revêtu d'une marque ou empreinte indiquant le nom et la résidence du fabricant.

ART. 129. Ne sont pas soumis à cette obligation les objets fabriqués en or, argent ou plaqués, déjà assujettis au poinçon du contrôle.

ART. 130. Tout fabricant convaincu d'avoir mis dans le commerce un objet non revêtu de sa marque, sera puni d'une amende de dix francs au moins, de soixante francs au plus, sans préjudice des dommages-intérêts qui pourraient être dûs à sa corporation.

ART. 131. L'application d'une fausse marque n'appartenant à aucun autre fabricant, sera considérée comme absence de marque et punie de la même peine.

ART. 132. L'application d'une fausse marque appartenant à un autre fabricant, sera punie des peines portées par les lois en matière de contrefaçon, sans préjudice des dommages-intérêts, tant envers la corporation qu'envers le fabricant dont on aura emprunté la marque.

ART. 133. Pour assurer l'exécution des dispositions qui précèdent, chaque fabricant est tenu de faire la déclaration et le dépôt de sa marque au Conseil des Prud'hommes dans le ressort duquel il est domicilié.

LIVRE VI.

TITRE UNIQUE.

Des Inspecteurs du travail.

Art. 134. Le gouvernement nomme des Inspecteurs généraux et particuliers chargés de visiter les ateliers, chantiers et manufactures, d'entendre les observations des maîtres et des ouvriers, celles des Chambres syndicales et des bureaux d'Associations, de vérifier la comptabilité de ces derniers, de ramener à l'exécution des statuts et réglements ceux qui, ayant mission de les faire observer, négligeraient ce devoir.

Art. 135. Les Inspecteurs généraux et particuliers entreront en relations avec les autorités municipales, toutes les fois qu'ils remarqueront une amélioration à introduire dans la condition des ouvriers, sous le rapport de l'hygiène, de la salubrité, de l'instruction et des mœurs.

Art. 136. S'il y avait défaut de concours de la part des autorités municipales, les inspecteurs en référeraient au Gouvernement.

Art. 137. Une ordonnance du pouvoir exécutif déterminera le nombre des Inspecteurs du travail, et tout ce qui est relatif à leur organisation.

Art. 138. Les Inspecteurs pourront se faire représenter par les fabricants leurs livres d'ouvriers, mais non les livres de commerce.

LIVRE VII.

Dispositions Générales.

Art. 139. Le pouvoir exécutif est chargé de faire constituer, aussitôt la promulgation de la présente loi, les corporations industrielles et les associations d'ouvriers partout où leur formation doit avoir lieu.

Art. 140. Les contre-maîtres ou maîtres-ouvriers ont la faculté de faire partie de l'association des ouvriers de leur profession ; mais ils n'y sont pas tenus. Ils y seront admis de droit sur leur simple déclaration écrite remise au président du bureau communal, et ne pourront s'en retirer qu'en payant à la caisse de l'association cent francs de dédit.

Art. 141. Tout dépositaire de fonds appartenant aux associations d'ouvriers qui détournerait tout ou partie desdits fonds de leur destination, sera considéré comme concussionnaire et puni comme tel, suivant toute la rigueur des lois.

Art. 142. Dans toutes les cérémonies publiques auxquelles assistent les autorités constituées, fonctionnaires et administrations, les Chambres syndicales des corporations prennent rang après les conseils de prud'hommes, les bureaux d'association après les Chambres syndicales.

Art. 143. Quelques professions, ayant entr'elles assez d'analogie pour pouvoir être réunies sans inconvénient, de semblables réunions pourront être autorisées par le gouvernement, sur la demande des corporations ou associations.

Art. 144. Des dispositions spéciales seront prises à l'égard des industries qui s'exercent isolément et sans analogie dans les limites d'un département.

Art. 145. Auront droit de voter dans les assemblées électorales des corporations et des associations, les individus de l'un et de l'autre sexe âgés de 21 ans accomplis.

Art. 146. Les hommes de vingt-cinq ans et au-dessus seront seuls éligibles.

FIN.

Tourcoing, — imprimerie de J. MATHON.